Kustantaja: BoD - Books on Demand, Helsinki, Suomi

Valmistaja: BoD - Books on Demand, Norderstedt, Saksa

ISBN: 978-952-31-8329-2

RAMADAN TEHTÄVÄKIRJA

Tämä on tehtäväkirja muslimilapsille. Jokaiselle ramadanin päivälle on värityskuva tai tehtävä, tietolaatikko ja päivän hyvä teko (sadaqa). Kirjassa on pelejä, askarteluohjeita ja tietokilpailukysymyksiä. Tehkää kirjaa yhdessä pienten lastenne kanssa. Hyvää ramadan kuukautta kaikille!

Ramadan Mubarak!

Päivän hyvä teko:

Tässä laatikossa on lapsille joku hyvä teko. Teot ovat esimerkkejä, ja niiden tilalta voi tehdä jonkun itse keksimänsä hyvän teon.

Muista, että ramadanina Allah antaa hyvistä teoista kymmenen kertaisen palkinnon!

Tiesitkö, että...

Tässä laatikossa on aina tietoteksti ramadanista ja paastoamisesta.

PÄIVÄ 1

Voit tehdä oman ramadan kalenterin. Ota kaksi eri väristä paperia ja leikkaa toisesta 30 eri kokoista kuuta. Voit laitta sinitarralla jonkun siirrettävän merkin kalenterin päälle ja siirtää sitä joka päivä. Näin tiedät, mikä päivä on menossa.

Tiesitkö,

että... Ramadan on islamin kalenterin yhdeksäs kuukausi. Ramadan-kuukausi alkaa, kun taivaalla nähdään uusi kuu. Uusi kuu on pieni sirppi. Kuu alkaa siitä kasvamaan joka päivä suuremmaksi.

Suomessa Ramadan alkaa yleensä, kun Saudi–Arabiasta ilmoitetaan, että uusi kuu on näkynyt. Eilen illalla ilmoitettiin, että uusi kuu on näkynyt, niin tänään on ensimmäinen paastopäivä.

Etsi alueelta kaikki uudet kuut ja väritä ne.

PÄIVÄ 2

Askartele kotiin ramadan lyhty ohjeiden mukaan.

3. Tarvitset kaksi eri väristä paperia, sakset, kynän ja nitojan (tai liimaa tai teippiä). Koristeluun voit käyttää lisäksi kuviosaksia ja kuviolävistäjää jos löytyy.

2. Leikkaa toisesta paperista pitkittäin 3-4 suikaletta ja koristele ne.

1. Liimaa suikaleet poikittaisen paperin ylä- ja alareunaan. Voit liimata kuviolävistäjän tekemiä "reikiä" koristeeksi. Lisää haluamasi tekstit ja koristeet.

Tiesitkö, että...

Ramadan on kaikille muslimeille maailmassa pyhä ja ihana kuukausi. Muslimit odottavat ramadanin alkua innolla ja ikävöivät, kun se loppuu. Meidän pitäisi tehdä ramadan kuukaudesta muslimilapsillemme erityinen ja mukava kuukausi.

7. Taita paperi kahtia. Leikkaa taitteeseen noin sormen levyisiä suikaleita. Älä leikkaa loppuun asti, vaan jätä ainakin 5cm yläreunasta leikkaamatta.

6. Avaa taitos ja käännä paperi rullalle. Nido, liimaa tai teippaa sivu kiinni ylä- ja alapäästä.

4. Nido yläosaan kahdelta puolelta yksi paperisuikale kiinni kahvaksi.

5. Voit laittaa valmiin ramadan-lyhdyn sisälle led-kynttilän (huom. älä laita oikeaa kynttilää).

PÄIVÄ 3

Arabiaksi ramadan kirjoitetaan näin: رمضان.
Etsi alueelta kaikki oikein kirjoitetut ramadan kuukauden nimet arabiaksi ja ympyröi ne.

Tiesitkö, että... Islamin kalenterissa on 12 kuukautta. Ramadan on islamin kalenterin yhdeksäs kuukausi.

Islamin kuukaudet ovat:
1. Muharram
2. Safar
3. Rabi al awwal
4. Rabi athaani
5. Jumadal uula
6. Jumadal ukhra
7. Rajab
8. Sha´ban
9. **Ramadan**
10. Shawwal
11. Dhul al qada
12. Dhul al hijja

رمضان   ماغادان   رمضان

رمضانية   نرَمَضَا

رمزان   رمضان

ردمان   رمضان   نارايان

رمضان   رمزان

Etsi taulukosta mahdollisimman monta kertaa RAMADAN ja ympyröi ne. Sanat voivat mennä myös väärin päin tai vinottain.

E	R	R	S	H	I	G	V	K
R	A	M	A	D	A	N	H	J
A	M	I	N	M	S	N	R	H
M	A	R	A	M	A	D	A	N
A	D	S	D	D	F	D	M	D
D	A	N	A	D	A	M	A	R
A	N	M	M	E	V	P	D	N
N	A	D	A	M	A	R	A	T
R	R	S	R	E	F	P	N	Y
N	A	D	A	M	A	R	I	U

PÄIVÄ 4

Väritä yksi tähdistä aina, kun olet paastonnut koko päivän tai harjoitellut paastoamista osan päivästä.

Tiesitkö, että... Allah on määrännyt Ramadan-kuukauden paastonajaksi muslimeille. Kun Ramadan kuukausi alkaa, kaikkien terveiden aikuisten muslimien pitää aloittaa paastoaminen. Paastoaminen tarkoittaa islamin uskonnossa sitä, että valoisaan aikaan ei saa syödä, juoda, eikä tehdä mitään pahaa. Illalla, kun aurinko on laskenut, syödään yleensä perheen kanssa yhteinen ateria.

PÄIVÄ 5

*Piirrä lautaselle lempi iftar-
ateriasi· Väritä lautasesta osa
aina, kun olet paastonnut
yhden päivän tai harjoitellut
paastoamista.*

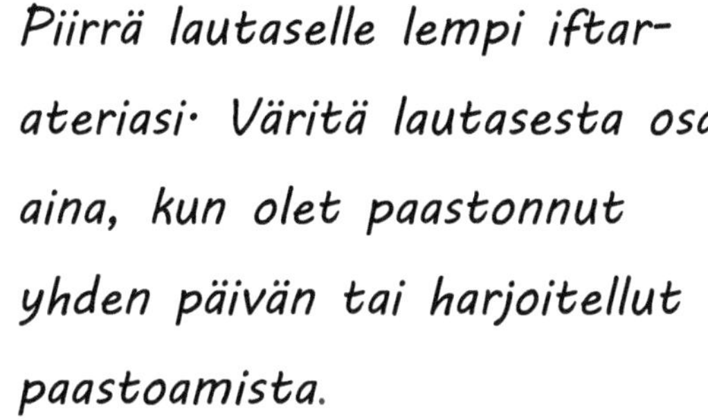

ذَهَبَ الظَّمَأُ ، وَ ابْتَلَّتِ الْعُرُوقُ ،
وَ ثَبَتَ الأَجْرُ إِنْ شَاءَ اللَّه

Profeetalla (SAWS) oli tapana sanoa rikkoessaan paaston:

"Dhähäbä ttamaa wabtälätil ´uruuq wa thäbätäl ajru insha Allah"

Se tarkoittaa: "nälkä on mennyt ja suonet ovat kostuneet ja palkinto
on vahvistettu, jos Allah suo.

Tiesitkö, että...

Ennen paaston alkamista tulee tehdä sydämessä aikomus (*niyah*), että haluaa
paastota. Kevyen aamiaisen (*suhur*) nauttiminen ennen aamunkoittoa ja
paastoajan alkua on suositeltavaa. Paasto tulisi rikkoa heti auringon laskettua
(*iftar*). Profeetalla (SAWS)oli tapana rikkoa paasto juomalla maitoa ja syömällä
pariton määrä taateleita.

Profeetta sanoi, että se, joka tarjoaa paastovalle henkilölle ruokaa tai juomaa
paaston rikkomiseen, saa Allahilta saman palkinnon, kuin paastonnut henkilö.
Paastoavalta henkilöltä ei vähennetä palkkiota ollenkaan

PÄIVÄ 6

Tehkää viereisen sivun kuvista muistipeli·
Liimatkaa sivu värilliselle paperille ja
leikatkaa kuvat viivoja pitkin·

Tiesitkö, että... Islamilaisessa kalenterissa on 12 kuukautta. Islamilainen kalenteri seuraa kuun kiertoa. Uusi kuukausi alkaa, kun kuu alkaa suurenemaan. Kuukausi vastaa siis kuun kierrosta uudesta kuusta takaisin alkuun. Kuukausi kestää 29 tai 30 päivää. Kuuvuosi on 355 päivää, eli se menee 10 päivää nopeammin kuin aurinkovuosi. Sen takia islamin kalenterin kuukaudet siirtyvät joka vuosi 10 tai 11 päivää aiemmaksi. Islamin kuukaudet siis siirtyvät vuodenaikojen suhteen, ja kiertävät 33:ssa vuodessa vuodenaikojen ympäri. Siksi muslimit saavat kokea sekä ramadanin että pyhiinvaelluksen erilaisissa olosuhteissa, kesän kuumassa ja pitkässä päivässä, sekä talven kylmässä ja lyhyessä päivässä.

Tästä kalenterista näet ramadan kuukauden alkamispäivät sadan vuoden ajalta.

Gregorian	Hijri	Gregorian	Hijri	Gregorian	Hijri	Gregorian	Hijri
October 25, 1938	1357	January 16, 1964	1383	April 8, 1989	1409	June 28, 2014	1435
October 14, 1939	1358	January 4, 1965	1384	March 28, 1990	1410	June 18, 2015	1436
October 3, 1940	1359	December 24, 1965	1385	March 18, 1991	1411	June 6, 2016	1437
September 23, 1941	1360	December 14, 1966	1386	March 6, 1992	1412	May 27, 2017	1438
September 12, 1942	1361	December 3, 1967	1387	February 23, 1993	1413	May 16, 2018	1439
September 1, 1943	1362	November 22, 1968	1388	February 12, 1994	1414	May 6, 2019	1440
August 20, 1944	1363	November 11, 1969	1389	February 1, 1995	1415	April 24, 2020	1441
August 9, 1945	1364	November 1, 1970	1390	January 22, 1996	1416	April 13, 2021	1442
July 30, 1946	1365	October 21, 1971	1391	January 11, 1997	1417	April 2, 2022	1443
July 20, 1947	1366	October 9, 1972	1392	December 31, 1997	1418	March 23, 2023	1444
July 8, 1948	1367	September 27, 1973	1393	December 20, 1998	1419	March 11, 2024	1445
June 28, 1949	1368	September 17, 1974	1394	December 9, 1999	1420	March 1, 2025	1446
June 17, 1950	1369	September 7, 1975	1395	November 27, 2000	1421	February 18, 2026	1447
June 6, 1951	1370	August 27, 1976	1396	November 16, 2001	1422	February 8, 2027	1448
May 25, 1952	1371	August 16, 1977	1397	November 6, 2002	1423	January 28, 2028	1449
May 15, 1953	1372	August 5, 1978	1398	October 26, 2003	1424	January 16, 2029	1450
May 4, 1954	1373	July 25, 1979	1399	October 15, 2004	1425	January 5, 2030	1451
April 24, 1955	1374	July 14, 1980	1400	October 4, 2005	1426	December 26, 2030	1452
April 12, 1956	1375	July 3, 1981	1401	September 24, 2006	1427	December 15, 2031	1453
April 2, 1957	1376	June 23, 1982	1402	September 13, 2007	1428	December 4, 2032	1454
March 22, 1958	1377	June 13, 1983	1403	September 1, 2008	1429	November 23, 2033	1455
March 11, 1959	1378	June 1, 1984	1404	August 22, 2009	1430	November 12, 2034	1456
February 28, 1960	1379	May 21, 1985	1405	August 11, 2010	1431	November 1, 2035	1457
February 17, 1961	1380	May 10, 1986	1406	August 1, 2011	1432	October 20, 1936	1458
February 6, 1962	1381	April 29, 1987	1407	July 20, 2012	1433	October 10, 2037	1459
January 27, 1963	1382	April 18, 1988	1408	July 9, 2013	1434	September 30, 2038	1460

The beginning of Ramadan from 1357-1460 Hijri/1938-2038 Gregorian (there might be a 1 or 2 day difference in the dates)

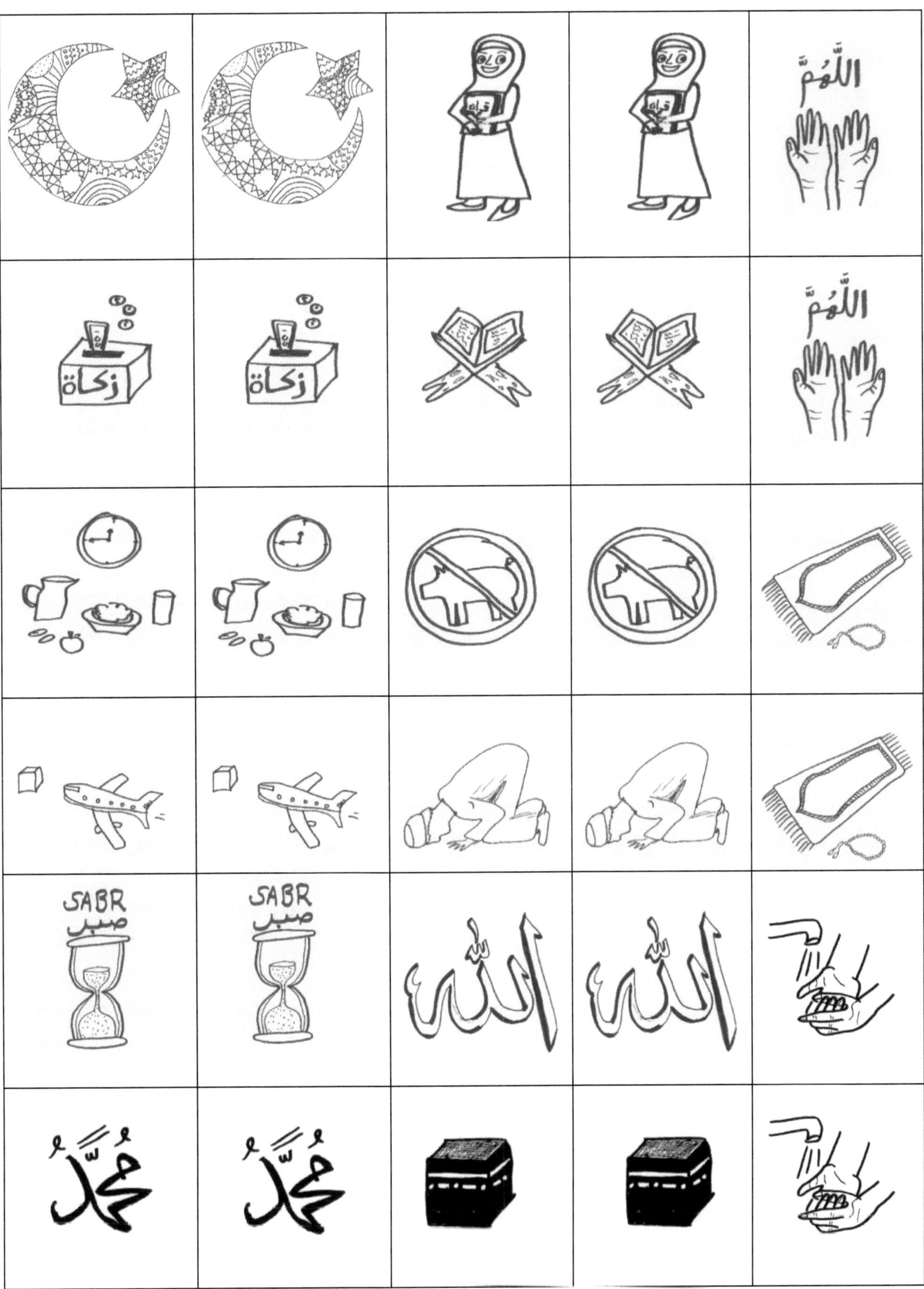

PÄIVÄ 7

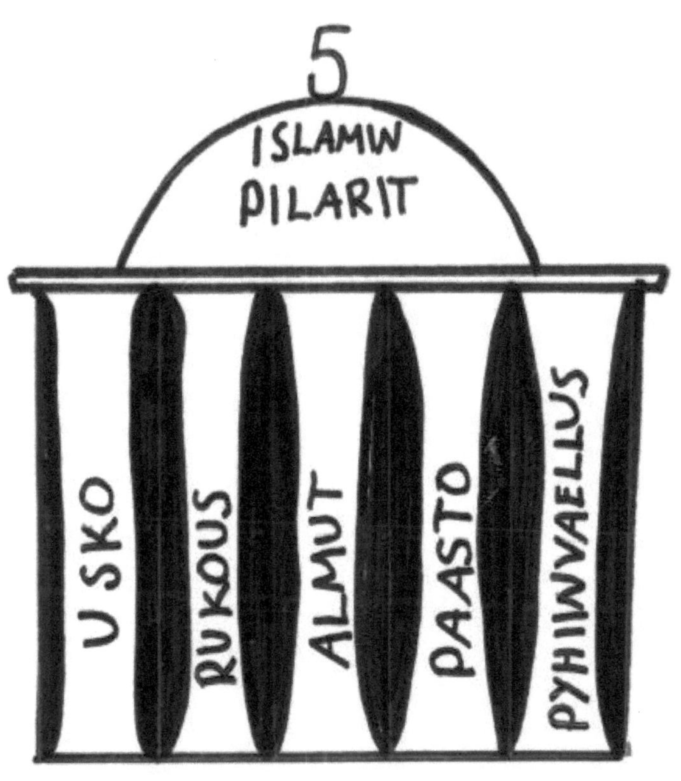

Tiesitkö, että... Ramadan on islamin pyhä kuukausi. Silloin on muslimien paaston aika. Paasto on islamin neljäs peruspilari. Islamin pilarit ovat tärkeitä asioita, mitä muslimien pitää tehdä. Hyvä muslimi noudattaa islamin pilareita ja yrittää suorittaa ne kaikki hyvin.

Islamin peruspilarit ovat:

1. Usko (*Shahadah*). Muslimit uskovat, että ei ole muuta Jumalaa kuin Allah, ja että Muhammed (SAWS) on Jumalan Lähettiläs.

2. Rukous (*Salah*). Muslimit rukoilevat viisi kertaa päivässä Mekkaa kohti.

3. Amut (*Zakah*). Muslimit antavat köyhille rahaa 2,5 % säätöistään joka vuosi.

4. Paasto (*Sawm*). Muslimit paastoavat Ramadan kuukauden. Valoisana aikana ei saa syödä eikä juoda.

5. Pyhiinvaellus (*Hajj*) Kerran elämässä muslimin pitäisi mennä Mekkaan jos on tarpeeksi rahaa ja on terve matkustamiseen.

Katso kuvia ja vedä viiva mitä islamin pilaria kuvat tarkoittavat.

Väritä kuvat

Uskontunnustus

Paasto

Almut

Pyhiinvaellus

Rukous

PÄIVÄ 8

matkalla oleva

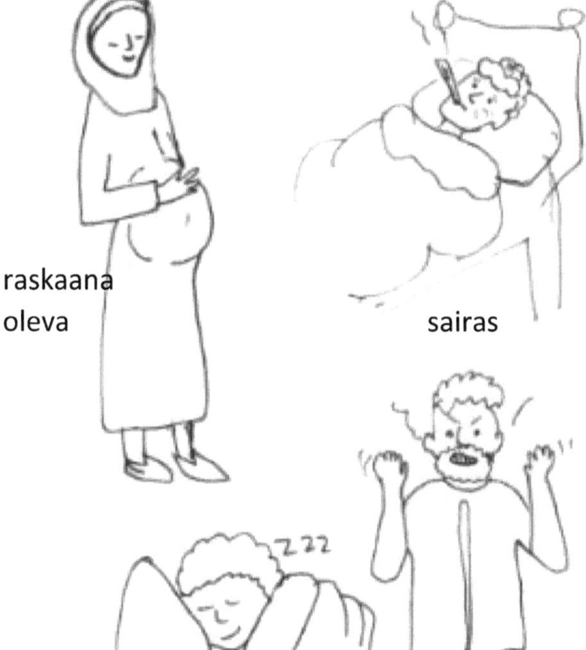

raskaana oleva

sairas

heikko vanhus

pieni lapsi

vihainen mies

nukkuva

Laita rasti niiden muslimien päälle, joiden ei tarvitse paastota ramadanina.

Tiesitkö, että... Ramadanina aikuiset terveet muslimit paastoavat, eli eivät syö eivätkä juo päivällä. Kaikkien terveiden aikuisten muslimien pitää paastota Ramadanina. Jos joku on sairas, heikko tai hänen pitää ottaa lääkkeitä, hän ei saa paastota. Jos paaston aikana tulee huono olo, pyörryttää tai oksentaa, pitää paasto lopettaa siltä päivältä. Raskaana olevien ja imettävien äitien ei tarvitse paastota, koska se voi olla vaarallista äidille tai vauvalle. Naiset eivät saa paastota kuukautisten aikana, ja heidän pitää korvata paastopäivät myöhemmin. Matkalla olevan muslimin ei tarvitse paastoa, mutta hänen pitää korvata Ramadanina paastoamatta jääneet päivät myöhemmin. Lasten ei tarvitse paastota, mutta he voivat harjoitella paastoamista osan päivästä. Murrosikään tulleet lapset voivat aloittaa paastoamalla muutaman kokonaisen päivän. Lapset voivat harjoitella vanhempiensa luvalla paastoamista.

PÄIVÄ 9

Tee viereisen sivun kuvista peli· Liimaa sivu värilliselle paperille ja leikkaa viivoja pitkin kortit irti· Ottakaa kortteja vuorotellen· Jos saat hyvän teon, saat pitää sen itselläsi pisteenä· Jos saat pahan teon, et saa pistettä ja pitää laittaa paha teko pois pelistä·

Tiesitkö, että... Ramadan on pyhä ja tärkeä kuukausi kaikille muslimeille maailmassa. Ramadanin aikana muslimit yrittävät tehdä paljon hyvää, esimerkiksi auttaa köyhiä, lukea Koraania ja rukoilla enemmän kuin tavallisesti. Allah on luvannut hyvistä teoista jotka tehdään ramadanina tai paaston aikana kymmenkertaisen palkinnon. Paaston aikana pitää välttää kaikkia pahoja tapoja. Ei saa tapella, kiroilla, puhua pahaa eikä katsoa esimerkiksi kiellettyjä ohjelmia.

Allah on sanonut, että kun Ramadan alkaa, Paratiisin portit avataan, Helvetin portit suljetaan ja paholaiset on kahlittu. Ramadan on rauhallista aikaa, ja on helppo tehdä hyvää, koska *Sheitaan* ei ole kiusaamassa ihmisiä. Ramadanina on helpompi olla tekemättä pahaa koska Sheitaan ei ole täällä häiritsemässä meitä. Jos sinulle tulee ramadanina pahoja ajatuksia, se ei olekaan Sheitaan joka sinulle kuiskii, vaan oma nafsisi. Nafs tarkoittaa sinun omia halujasi.

ZAKAT

PÄIVÄ 10

Väritä seuraavan sivun rukousmatosta yksi neliöosa joka päivä, kun olet rukoillut·

Tiesitkö, että... Muslimit rukoilevat viisi kertaa päivässä.

Rukousajat katsotaan auringosta. Internetistä voi esimerkiksi tulostaa omaan kotiin rukousaikakalenterin seinälle. Puhelimeen ja tietokoneelle voi myös ladata sovelluksen, joka tekee rukouskutsun aina kun on rukousaika. Näin ei itse tarvitse osata katsoa rukousaikoja auringosta.

Rukouksilla on omat nimet, ja ne ovat eri pituisia. Pimeän ajan rukoukset rukoillaan **ääneen** ja päivärukoukset **hiljaa.**

1. Aamurukous **Fajr** on ennen auringon nousua. Se rukoillaan kaksi rakaa´ ja Koraanin suurat lausutaan ääneen.
2. Päivärukous **Duhr** on keskipäivällä kun aurinko on korkeimmillaan. Duhr rukoillaan 4 rakaa´ ja hiljaa.
3. Iltapäivän rukous **Asr** on vähän duhria myöhemmin päivällä. Asr rukoillaan 4 rakaa´ hiljaa.
4. Iltarukous **Maghrib** on auringon laskettua. Maghrib rukoillaan 3 rakaa´ ja Koraanin suurat lausutaan ääneen.
5. Yörukous **Isha** on pimeän tultua. Isha on 4 rakaa´ ja Koraanin suurat lausutaan ääneen.

PÄIVÄ 11

1. SUURA AL FATIHA

1. Bismillaahir- Rahmaanir- Rahiim

2. Alhamdu lilläähi rabbil ´äälämiin

3. Arrahmanir Rahiim

4. Määliki yaumid-diin

5. Iyyääkä nä´äbudu wa iyyääkä nästä´iin

6. Ihdinas-siratal-mustaqiim

7. Siraatal-la<u>dz</u>iina än´ämtä ´äleihim <u>ghaidh</u>uubi ´äleihim wala<u>dh</u>-<u>dh</u>aa~lliin

1. Jumalan Armeliaan Armahtavan nimeen 2. Ylistys Jumalalle, maailmojen Valtiaalle, 3. Armeliaalle, Armahtavalle, 4. joka on viimeisen päivän omistaja. 5. Me palvomme vain Sinua ja pyydämme vain Sinulta apua. 6. Ohjaa meidät oikeata tietä, 7. niiden tietä, joista Sinä olet tyytyväinen, ei niiden tietä, joille olet vihainen, eikä niiden tietä, jotka ovat eksyneet.

Tiesitkö, että...

Koraanissa on 114 suuraa.

Koraanin ensimmäinen suura on avauksen suura (*suura al-Fatiha*). Avauksen suura lausutaan jokaisessa rukouksessa ja jokaisen muslimin täytyy osata se arabiaksi. Avauksen suurassa on tiivistetty koko Koraanin tärkeimmät asiat. Ensimmäisissä jakeissa ylistetään Jumalaa ja Hänen armeliaisuuttaan. Viimeisissä jakeissa tehdään *dua*a. Siinä pyydetään johdatusta oikealle tielle, joka vie Paratiisiin.

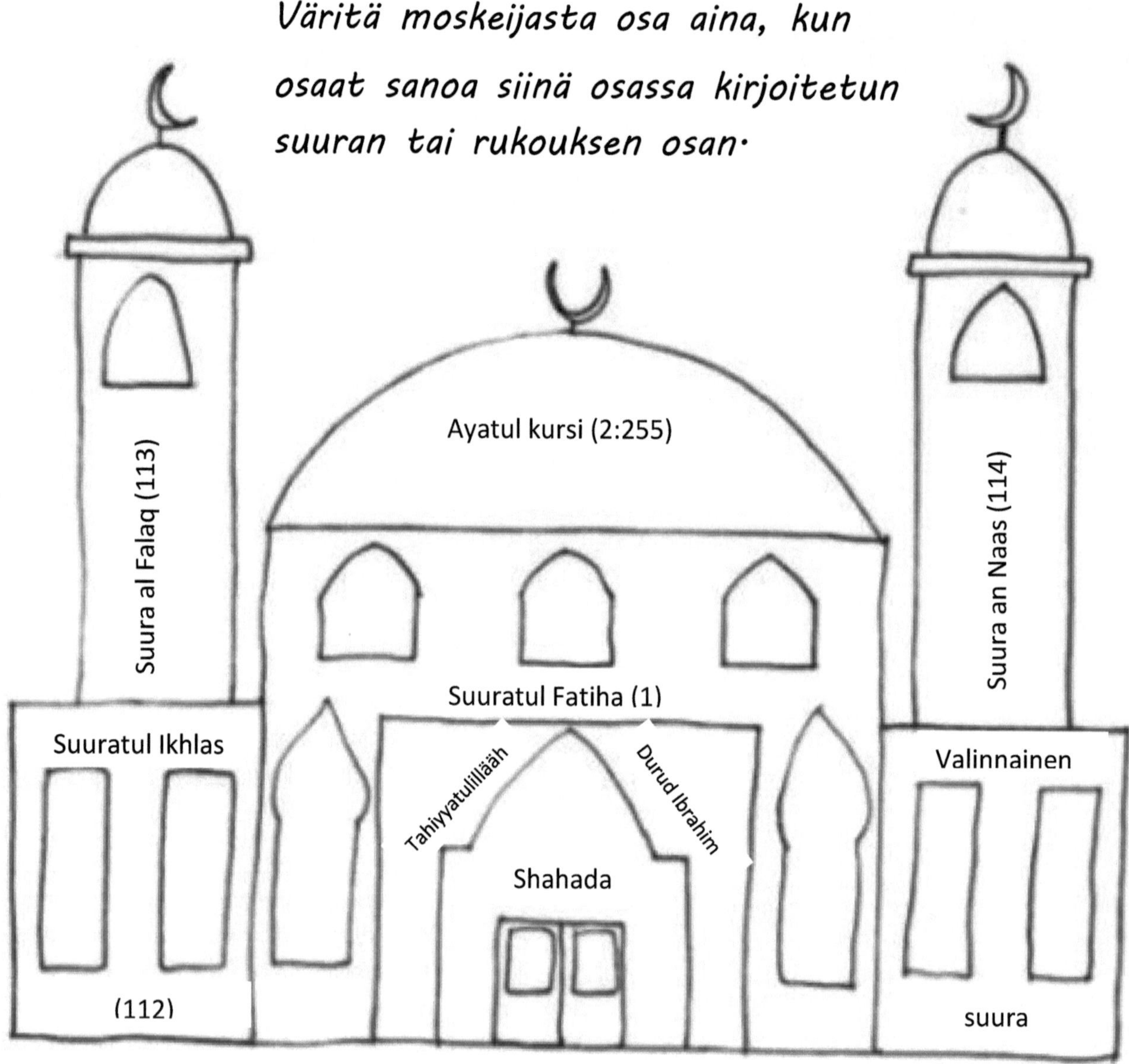

TAHIYYATULILLÄÄH:

At-tahijjaatu lilläähi, was-salawatu, wattajjibaatu,

Assalamu ´alaika ajjuhan-Nabiyu wa rahmatul-lahi wa barakatuhu,

assalamu alayna wa ´ala 'ibadillahi-s-saalihiin.

Ashadu an lää iläähä illallaah wa ashadu anna Muhammedan rasulullaah. (SHAHADA)

DURUD IBRAHIM:

Allahumma salli ´ala Muhammed wa ´ala ääli Muhammed, kämää salleita ´ala Ibrahiima wa ´ala ääli Ibrahiima innaka hamiidun majiid.

Allahumma bäärik ´ala Muhammed wa ´ala ääli Muhammed, kämää bäärektä ´ala Ibraahiima wa ´ala ääli Ibrahiima innaka hämiidun majiid.

PÄIVÄ 12

Selvitä sokkelosta muslimien hijran reitti Mekasta Medinaan·

Piirrä luolan suulle hämähäkin seitti ja linnunpesä suojelemaan profeettaa takaa-ajajilta·

Tiesitkö, että... Islamilaisissa maissa seurataan *hijri*-kalenteria, jonka pituus perustuu kuuvuoteen. *Hijra* tarkoittaa maastamuuttoa, jonka profeetta Muhammed (SAWS) teki Mekasta Medinaan vuonna 622 muslimien kanssa. Hijran vuosi on islamin kalenterin vuosi nolla.

Muslimit olivat saaneet turvapaikan **Yathrib**in kaupungista, eli Medinasta. Useimmat muslimit olivat jo päässeet sinne karkuun ilkeitä mekkalaisia. Profeetta Muhammed (SAWS) lähti Mekasta viimeisenä pakomatkalle. Hän meni Thawr-vuoren luolaan piiloon takaa-ajajia. Allah lähetti ihmeenä hämähäkin tekemään seitin ja linnun rakentamaan pesän luolan suulle. Sen vuoksi takaa-ajajat eivät katsoneet luolasta.

PÄIVÄ 13

Laita rasti niiden kuvien päälle, mitkä rikkovat paaston·

Hampaiden peseminen

Suihkussa käyminen

Tupakan polttaminen

Juominen

Syöminen

Tiesitkö, että...

Paaston rikkovia asioita ovat syöminen ja juominen tahallaan. Tupakkaa ei myöskään saa polttaa paaston aikana.

Jos syö tai juo unohtaessaan, että paastoaa, paasto ei mene rikki. Syöminen tai juominen pitää heti lopettaa, kun muistaa, että paastoa. Jos vettä nielaisee vahingossa esimerkiksi wudun aikana, se ei riko paastoa.

Profeetta (SAWS) on sanonut: "Jos joku syö tai juo unohduksissaan, hänen pitäisi paastota loppuun, koska se, mitä hän söi tai joi, Allah antoi hänelle." (Bukhari)

PÄIVÄ 14

Väritä rukousmatto aina, kun olet rukoillut tarawih·rukouksen·

Tiesitkö, että...

Tarawiih tarkoittaa ramadanin aikana ylimääräistä yöllistä rukousta. Voit rukoilla tarawih rukouksen moskeijassa muiden muslimien kanssa, tai kotona perheesi kanssa.
Yöllisiin *tarawih* –rukouksiin osallistuminen on suositeltavaa.
Tarawih-rukousten aikana luetaan koko Koraani läpi ramadanin ölnä.

PÄIVÄ 15

Väritä yksi kirjan sivu aina, kun olet lukenut, harjoitellut tai kuunnellut Koraania.

Tiesitkö, että...

Allah lähetti Koraanin Ramadanina. Sen vuoksi Ramadan on Koraanin kuukausi.

Lehmän suurassa (2:185) todetaan: **"Ramadaan" on se kuukausi, jolloin Koraani annettiin opastukseksi ihmisille ja selväksi todistukseksi (Jumalan) johdatuksesta, jotta hylättäisiin paha ja valittaisiin hyvä."**

Ramadanin aikana on hyvä mahdollisuus tarkkailla itseään ja pyrkiä entistä parempiin tekoihin. On hyvä pyrkiä lukemaan koko Koraani ainakin kerran läpi Ramadanin aikana. On myös hyvä yrittää ymmärtää Koraanin sisältöä omalla kielellään. Koraanin suuria on tärkeää opetella ulkoa, koska tarvitset niitä kun rukoilet.

PÄIVÄ 16

Pelaa seuraavan aukeaman peliä "matkalla moskeijaan"· Tarvitset yhden nopan ja jotkut pelinappulat kaikille peliin osallistuville· Jos pysähdyt ruutuun, missä on ohjeita, sinun pitää tehdä ohjeen mukaan··

Tiesitkö, että... Perjantai on yhteisrukouksen päivä eli *jumuah*. Jokaisen aikuisen muslimimiehen velvollisuus on osallistua perjantain yhteisrukoukseen. Naisille se on vapaaehtoista. Perjantairukouksella on erityinen uskonnollinen ja sosiaalinen merkitys muslimille. Siellä kuunnellaan *khutba*a ja tavataan muita muslimeja.

Jumuah-rukoukseen valmistauduttaessa on hyvä käydä suihkussa tai kylvyssä aamulla ja pukea puhtaat vaatteet. On hyvä välttää syömästä ruokaa, joka aiheuttaa pahanhajuisen hengityksen, kuten sipulia tai valkosipulia. Profeetalla (SAWS) oli tapana peseytyä, pukea puhtaat vaatteet, leikata kynnet ja lukea luolan suura perjantaisin.

Perjantairukouksen aika on heti, kun aurinko on korkeimmalla kohdalla taivaalla keskipäivällä, eli *duhr* rukouksen aikana. Jos ei pääse rukoilemaan perjantairukousta yhdessä muiden muslimien kanssa, rukoilee normaalin duhr-rukouksen.

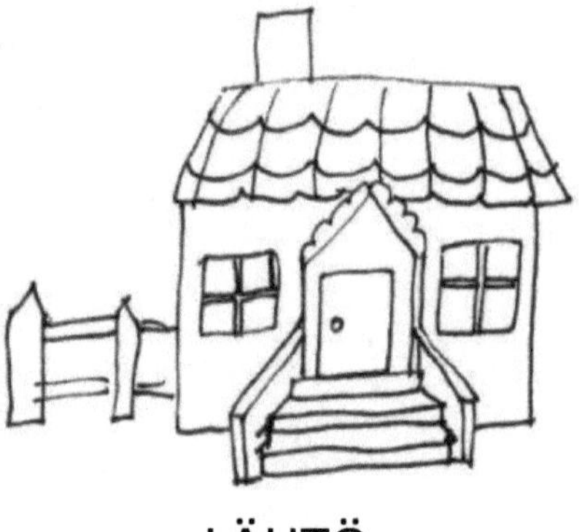

LÄHTÖ

Unohdit avaimet, palaa takaisin

Pysähdyt auttamaan mummoa kadun yli. Odota yksi heittovuoro.

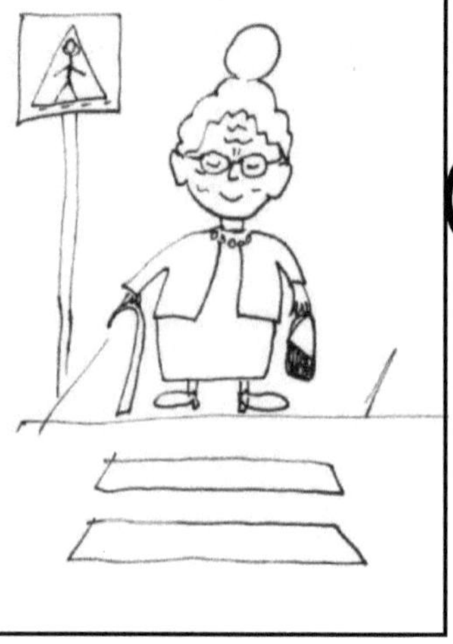

Pääset bussilla nopeammin.

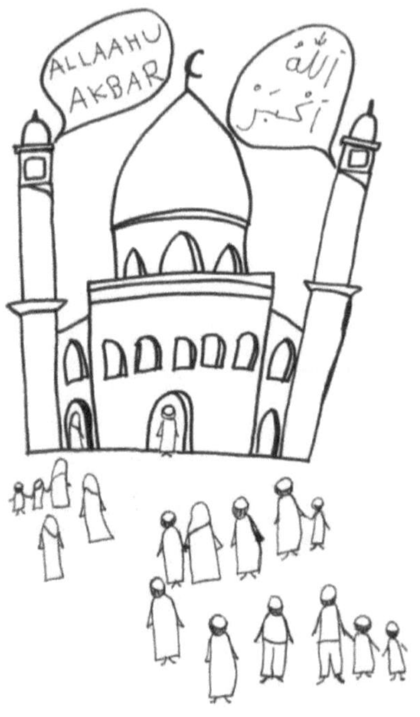

ALLAAHU AKBAR
الله
أكبر

Näet jo moskeijan , heitä uudestaan.

Pysähdyt antamaan köyhälle rahaa. Odota yksi heittovuoro.

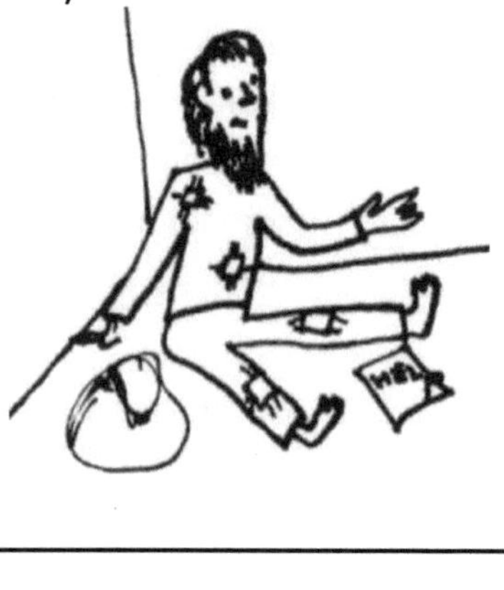

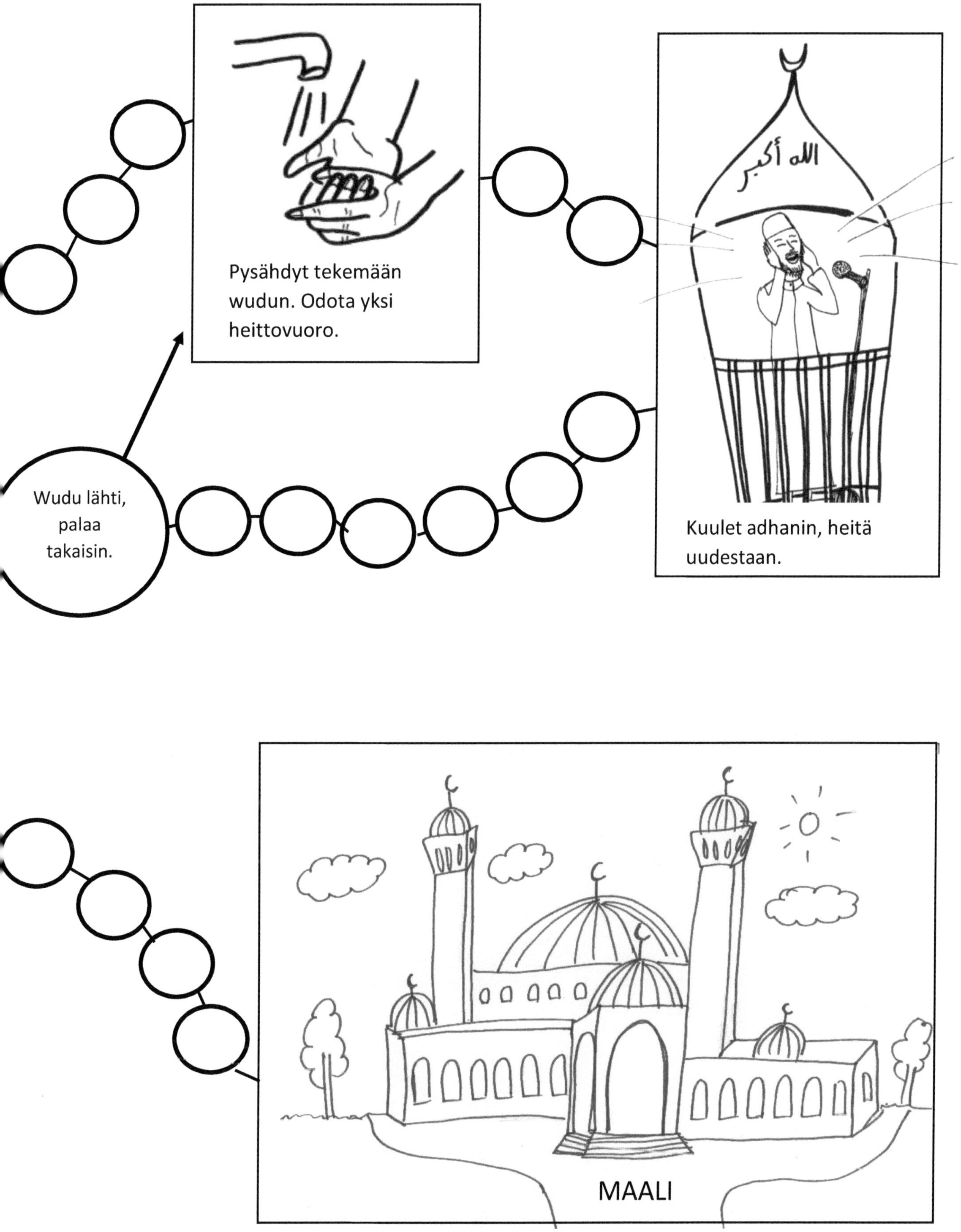

Pysähdyt tekemään wudun. Odota yksi heittovuoro.

Kuulet adhanin, heitä uudestaan.

Wudu lähti, palaa takaisin.

MAALI

PÄIVÄ 17

Selvitä reitti Hira luolasta Mekkaan Kaaban luokse·

Tiesitkö, että... Muhammed (SAWS) oli Hira-vuoren luolassa yksin rukoilemassa ja paastoamassa. Yhtäkkiä hänen luokseen tuli **enkeli Jibril** (AS), joka otti hänet syliinsä ja puristi niin kovasti, että Muhammed (SAWS) pelkäsi kuolevansa. Sen jälkeen enkeli sanoi Muhammedille "Lue"! Muhammed vastasi hädissään, että ei osannut lukea. (Muhammed ei koskaan ollut käynyt koulua eikä ollut oppinut lukemaan.) Enkeli otti Muhammedin uudestaan syliinsä ja puristi lujasti. Sen jälkeen enkeli käski Muhammedin lukea, mutta hän vastasi taas hädissään että ei osannut lukea. Kolmannen kerran jälkeen Muhammed kysyi, mitä hänen pitäisi lukea, koska ei halunnut enkelin puristavan häntä enää uudestaan. Sitten enkeli Jibril lausui Muhammedille, mitä hänen pitäisi sanoa: *Iqra/ bismi Rabbika lladhii khalaq (Lue julki Herrasi nimeen, joka on luonut,)* (Koraanin suuran 96 ensimmäinen jae)

Kun Muhammed oli toistanut nämä sanat, enkeli hävisi niin akkiä kuin oli ilmestynyt. Muhammed oli kauhuissaan ja tärisi pelosta. Hän ei tiennyt, mikä hänen luokseen oli tullut, ja hän pelkäsi sen olleen paha henki. Muhammed juoksi ulos luolasta. Ulkona hän kohtasi enkelin uudestaan. Enkeli peitti koko taivaan, eikä Muhammed (SAWS) päässyt sitä karkuun. Hän yritti kääntyä toiseen suuntaan, mutta enkeli oli sielläkin. Sitten enkeli sanoi: "Muhammed, sinä olet Jumalan profeetta, ja minä olen Jibril". Sitten enkeli hävisi. Tämä oli Koraanin ensimmäinen ilmoitus Ramadan kuukauden 17. päivänä vuonna 610.

PÄIVÄ 18

ALLAH NÄKEE MINUT KOKOAJAN

Opettaja antoi kaikille oppilaille omenan ja sanoi: "Menkää kaikki syömään omena paikkaan, jossa kukaan ei näe sinua." Lapset lähtivät omenansa kanssa pois. Vähän ajan päästä kaikki tulivat takaisin omenan raadon kanssa ja kertoivat: "Minä menin pöydän alle piiloon syömään omenan. " "Minä menin siivouskomeroon." "Minä menin puun taakse." Vain yksi tyttö ei ollut syönyt omenaa. Opettaja kysyi tytöltä: "Miksi sinä et syönyt omenaa?" Tyttö vastasi: "Minä tiedän, että Allah näkee minut kokoajan, eli en voinut syödä omenaa, koska ei ole mitään paikkaa, missä Allah ei näkisi minua."

Väritä arabiaksi kirjoitettu Allahin nimi.

Tiesitkö, että... Paastoaminen perustuu itsehillintään. Muut eivät voi varmuudella tietää, paastoaako ihminen oikeasti. Paastoaminen opettaa sen vuoksi myös vilpittömyyttä. Paastoaminen opettaa *taqwaa*, eli tietoisuutta Jumalasta. Vain Allah tietää paastoatko sinä oikeasti vai syötkö salaa.

Allah on määrännyt meille paaston, että meillä lisäntyisi taqwa (Koraani 2:183). Taqwa tarkoittaa tietoisuutta Jumalasta. Meidän pitää pelätä Jumalan rangaistusta ja toivoa hänen palkintoaan.

Ainoa asia, joka tekee ihmisestä paremman Jumalan edessä, on hänen uskonsa taso (*taqwa*), ja vain Allah tietää kuka on oikeasti toista parempi.

PÄIVÄ 19

Kaikki muslimit rukoilevat Mekkaan päin, kohti Kaaban temppeliä.

Mekka on muslimien pyhä kaupunki Saudi-Arabiassa.

Tiesitkö, että...

Muslimien rukoussuuntaa kutsutaan arabiaksi sanalla *qibla*. Muslimit kaikkialla maailmassa rukoilevat Mekkaan, Kaaban temppeliin päin. Mekka on muslimien pyhä kaupunki, ja sijaitsee Saudi Arabiassa.

Rukoussuunta suomessa on kaakon ja etelän välissä. Rukoussuunnan voi määrittää kompassilla tai kartasta määrittämällä pohjois-etelä suunnan.

Rukoussuunta on suurin piirtein sinnepäin, missä aurinko on keskipäivän rukouksen aikaan. Suomessa rukoussuunnan voi myös katsoa siitä, mihin satelliittilautaset osoittavat

Väritä qibla-nuoli ja leikkaa se irti. Voit liimata sen pahville tai kartongille ennen leikkaamista, niin nuoli pysyy parempana. Voit laittaa nuolen osoittamaan oikeaa suuntaa kotiisi, esimerkiksi lattiaan, kattoon tai pöytään. Kiinnitä sinitarralla.

PÄIVÄ 20

Päivän hyvä teko:

Tarjoa paastoavalle ruokaa tai juomaa.

Väritä kuvasta mahdolliset leilatul qadrin yöt.

SUURA 97 AL QADR

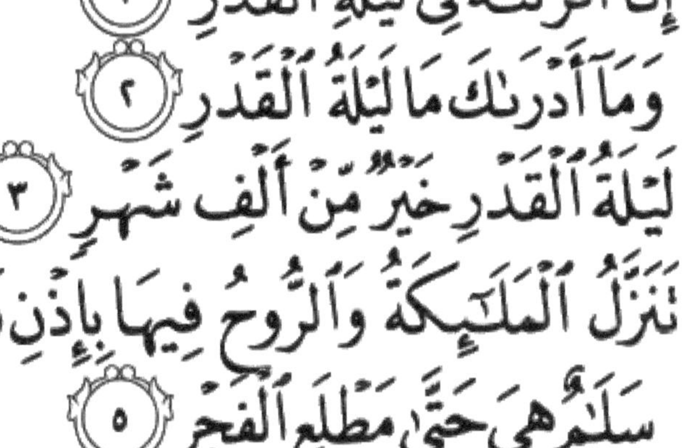

1. Innaa anzelnäähu fii leylatil qadr
2. Wa mää adraaka mää leylatul qadr
3. Leylatul qadri khayrun min älfi shähr
4. Tänäzzälul mälää-ikatu war ruuhu fiihaa bi-ithni rabbihim min kulli amr
5. Säläämun hiya hättää matlail fajr

Suomeksi: 1. Totisesti olemme ilmaissut sen siunattuna yönä. 2. Mistäpä tietäisit, mikä Voiman yö on ! 3. Siunattu yö on arvokkaampi kuin tuhat kuukautta. 4. Silloin laskeutuvat enkelit ja suuri henki Herransa käskyn mukaan kaikenlaisiin tehtäviin. 5. Silloin vallitsee rauha ja kestää aamunkoittoon saakka.

Tiesitkö, että... Ramadanin kuukauden aikana on koko vuoden pyhin yö, *Leylatul Qadr*. Se tarkoittaa suomeksi voiman tai kohtalon yö. Allah lähetti sinä yönä Koraanin ensimmäiset jakeet Profeetta Muhammedille (SAWS).

Tämä yksi yö on parempi kuin tuhat kuukautta (yli 83 vuotta). Silloin pitäisi yrittää tehdä paljon palvonnallisia tekoja, kuten rukoilla, lukea Koraania ja tehdä duaa, eli pyytää Allahilta. Sinä yönä saat hyvistä teoistasi todella suuren palkkion! Leylatul Qadr on Ramadanin 21, 23, 25, 27, tai 29 päivä. Sen tarkkaa päivää ei tiedetä.

PÄIVÄ 21

Halal tarkoittaa sallittua asiaa ja haram
kiellettyä asiaa. Ympyröi kuvasta ruuat,
mitä muslimit saavat syödä ja laita rasti
(x) kuvien päälle, mitä muslimit eivät
saa syödä.

Tiesitkö, että...

"**Paastoa ollaksesi terve**", sanoi Profeetta (SAWS). Tänä päivänä lääkärit tunnustavat monet paaston hyödyt, jotka varmistavat terveyden ja ihmisen ruumiin ja mielen terveyden.

Paastoaminen auttaa henkilöä vahvistamaan tahtoaan, kehittämään ja puhdistamaan makuaan ja tapojaan, vahvistaa hyvän tekemisen vakaumusta, välttää kiistoja, ärtyisyyttä ja hätäisyyttä. Paitsi että paasto tukee vastustuskykyä ja kykyä kohdata vaikeuksia ja lisää kestävyyttä se myös heijastaa ulkoista fyysistä ulkonäköä katkaisemalla mässäilyn ja pääsemällä eroon ylimääräisestä rasvasta. Paaston auttaa lievittämään esimerkiksi ruoansulatusjärjestelmän vaivoja kuten kroonista vatsakipua, paksusuolentulehdusta, maksasairauksia, ruoansulatusvaivoja ja sellaisia tiloja, kuten lihavuutta, valtimonkovetustautia, korkeaa verenpainetta, astmaa, kurkkumätää ja monia muita tauteja.

PÄIVÄ 22

Väritä arabiaksi kirjoitettu "alhamdulillah". Suomeksi se tarkoittaa "kiitos ja ylistys Jumalalle".

Tiesitkö, että...

Meillä on niin monta asiaa, mistä voimme olla kiitollisia:
perhe, ystävät, koti, terveys, koulu, ruokaa, vaatteita... Kaikilla maailman ihmisillä ei ole kaikkea tuota. Jotkut ovat sairaita, asuvat yksin, eivät saa mennä kouluun eikä heillä ole ruokaa. Muista olla kiitollinen äläkä valita. Sano "Alhamdulillah", ylistys Jumalalle useita kertoja päivässä. Ramadanina ruoka ja pelkkä vesikin maistuvat niin hyvältä, että opimme arvostamaan Allahin antamia lahjoja meille paremmin.

Ramadan kuukauden aikana köyhien auttaminen lisääntyy. Muslimit tuntevat paastotessaan nälkää ja ymmärtävät, miltä köyhistä tuntuu. Siksi he haluavat auttaa tarvitsevia enemmän, kuin yleensä.

PÄIVÄ 23

Ramadan on loppusuoralla. Enää viikko paastoa jäljellä. Olemme jo tottuneet paastoon ja se tuntuu ehkä jo helpolta. Yritetään nyt lisätä hyvän tekemistä!

Laita rasti niiden asioiden päälle, mitä Paratiisissa ei ainakaan ole·

Tiesitkö, että...

Profeetta (SAWS) on sanonut, että kun ramadan kuukausi alkaa, Paratiisin portit avataan, Jahannamin portit suljetaan, ja paholaiset (Sheitaan) on vangittu.

Paratiisiin on 8 porttia. yhden Paratiisin portin nimistä on Ar Rayyan. Profeetta (SAWS) kertoi, että siitä portista pääsevät sisään ne, jotka paastosivat.

Allah sanoo, että paha haju, joka tulee paastoavan ihmisen hengityksestä tuoksuu Allahille paremmalta, kuin maailman paras myski-hajuvesi. (hadith quds)

PÄIVÄ 24

Piirrä tai kirjoita oma dua-pyyntörukouksesi kehyksen sisälle.

Tiesitkö, että...

Dua on henkilökohtainen pyyntörukous. Dua:ssa voimme pyytää Jumalalta jotakin tai kiittää Häntä tai vaikka pyytää anteeksi. Duaa voi rukoilla itsensä, perheensä tai muiden puolesta. Duan voi rukoilla millä kielellä tahansa, koska Allah ymmärtää kaikkia kieliä. Duan voi sanoa omin sanoin, ja voi myös opetella Profeetan opettamia pyyntörukouksia arabiaksi. Myös Koraanissa on monta kaunista ja tärkeää duaa, joita eri profeetat ovat tehneet. Allah pitää siitä, että Häneltä pyydetään ja Hän vastaa kaikkien pyytäjien rukouksiin. Joihinkin rukouksiin Allah vastaa heti, joihinkin myöhemmin tai eri tavalla kuin pyytäjä pyysi ja joihinkin rukouksiin Jumala vastaa vasta Tuonpuoleisessa. Duaa kannattaa tehdä paljon, sillä siitä saa myös palkinnon Allahilta Paratiisissa. Ramadan on hyvä aika tehdä duaa

Profeetta opetti, että paras dua leilatul Qadrina on sanoa *"Allahumma innaka äfuuwun, tuhibbul äfwa, fä'fu 'ännii". Tämä tarkoittaa* "Oi Allah, sinä olet Anteeksiantava ja rakastat antaa anteeksi, anna minulle anteeksi."

اللَّهُمَّ

إِنَّكَ عَفُوٌّ تُحِبُّ الْعَفْوَ فَاعْفُ عَنِّي

PÄIVÄ 25

Askartele rukousnauha

Tarvitset noin 30cm lankaa ja 33 helmeä. Helmet voivat olla eri värisiä. Pujota 11 helmeä ja laita välikappaleeksi vaikka karkkipussin muovista leikattu ympyränmuotoinen pala. Pujota toiset 11 helmeä ja toinen välipala muovista. Pujota viimeiset 11 helmeä. Tee solmu, mutta jätä parin sormen levyinen liikkumavara. Voit askarrella langasta tupsun jos haluat. Ennen tupsua voi laittaa vielä 2-3 helmeä kiristyshelmiksi. Pujota nämä kiristyshelmet molemmista solmun päistä ennen, kuin lisäät tupsun.

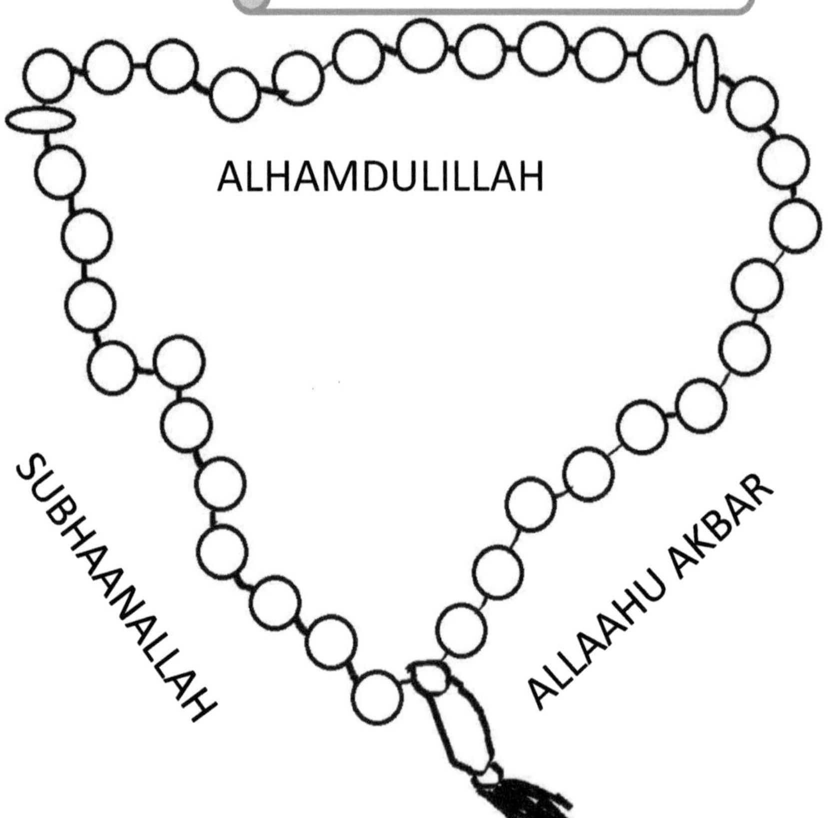

Tiesitkö, että...

Muslimit muistavat Jumalaa usein. Jumalan muistaminen on arabiaksi dhikr tai tasbiih. Nämä ovat helppoja hyviä tekoja.

Rukouksen jälkeen esimerkiksi olisi hyvä sanoa 10 tai 33 kertaa **"Subhaan Allah"** (*Kunnia Jumalalle*), **"Alhamdulillah"** (*Ylistys Jumalalle*) ja **"Allaahu Akbar"** (*Allah on Suurin*).

Laskemiseen voi käyttää apuna oikean käden sormia. Myös rukousnauhaa (**tasbih**) käytetään apuna määrien laskemiseen.

PÄIVÄ 26

Auta poika moskeijaan
rukoilemaan selvittämällä
sokkelo.

PÄIVÄ 27

Arabiaa luetaan oikealta vasemmalle, eli toisin päin kuin suomen kieltä. Laske, montako kirjainta arabian kielessä on ja väritä ne..

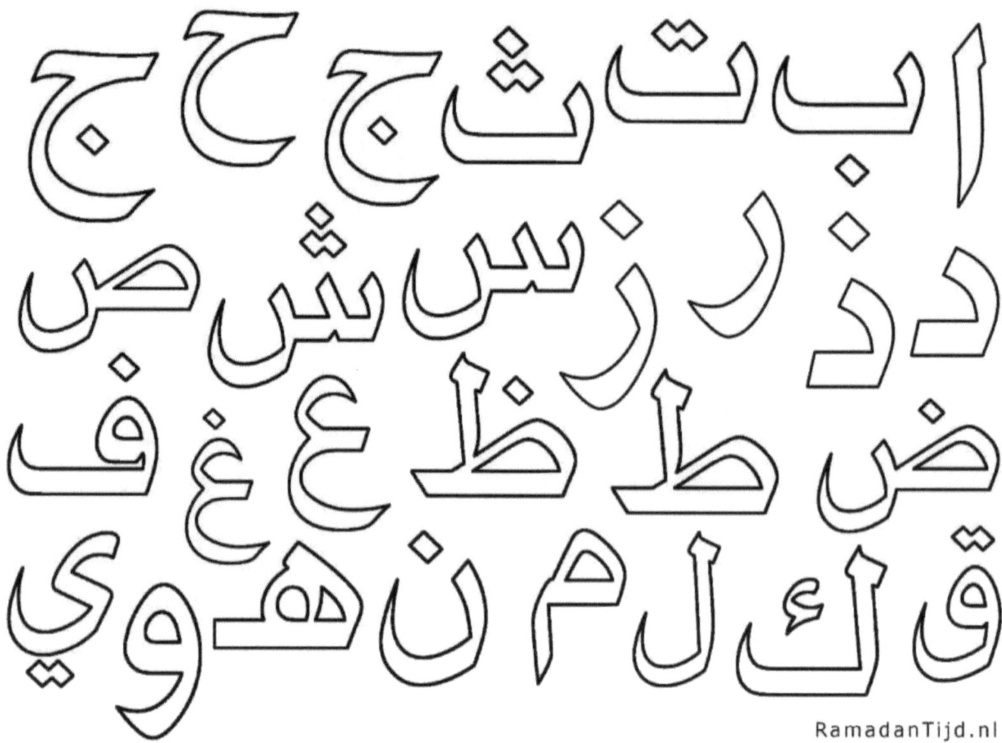

Tiesitkö, että...

On hyvä pyrkiä lukemaan koko Koraani ainakin kerran läpi Ramadanin aikana. On myös hyvä yrittää ymmärtää Koraanin sisältöä omalla kielellään. Ramadanin aikana jokaisesta hyvästä teosta saat kymmenkertaisen palkinnon Allahilta. Ja normaalistikin yhdestä koraanin kirjaimen lukemisesta saat palkinnoksi kymmenen hyvää tekoa. Esimerkiksi lauseessa "bismillaah rahmaani rahiim" on 19 arabialaista kirjainta. Ramadanina tuon rivin lukemisesta saat siis 19x10x10=1900 hyvää tekoa! Kuvittele miten monta hyvää tekoa saat koko sivun tai koko Koraanin lukemisesta! Ja tiesitkö että jos et vielä osaa tai arabian lukeminen on sinulle vaikeaa, mutta yrität silti, saat silloin Allahilta vielä tuplamäärän palkintoa siihen verrattuna jolle se on helppoa!

PÄIVÄ 28

TIETOKILPAILUKYSYMYKSIÄ:

1. Mistä tietää, että ramadan on alkanut?
    a. Taivaalla näkyy täysikuu.
    b. Taivaalla näkyy puolikuu.
    c. Taivaalla näkyy uusi kuu.
    d. Kuuta ei näy ollenkaan.

2. Monesko kuukausi ramadan on islamin kalenterissa?
    a. ensimmäinen
    b. viides
    c. yhdeksäs
    d. viimeinen

3. Mikä on iftar?
    a. paaston rikkova ateria
    b. paaston aloittava ateria
    c. yörukous
    d. arabialaista jugurttia

4. Mikä näistä on ramadanin yöllisen rukouksen nimi?
    a. wudu
    b. duhr
    c. tarawiih
    d. leilatul qadr

5. Leilatul qadr on parempi kuin...
    a. tuhat päivää
    b. tuhat kuukautta
    c. tuhat vuotta
    d. koko elämä

6. Mihin päin muslimit rukoilevat?
   a. aurinkoon
   b. Jerusalemiin
   c. Medinaan
   d. Mekkaan

7. Mikä suura sanotaan jokaisessa rukouksessa?
   a. ayatul Kursi
   b. suuratul Fatiha
   c. suuratul Baqara
   d. suuratul Ikhlas

8. Miksi ramadan siirtyy joka vuosi 10 -11 päivää eteenpäin?
   a. Että olisi mielenkiintoisempaa paastota.
   b. Koska kuukalenterin vuosi on lyhempi, kuin aurinkokalenterin vuosi.
   c. Koska muslimien vuosi on pidempi.
   d. Että olisi helpompi paastota talvella.

9. Kenen näistä muslimeista ei tarvitse paastota?
   a. väsynyt mies
   b. vihainen nainen
   c. lyhyt rouva
   d. raskaana oleva nainen

10.   Mikä on paaston tarkoitus?
    a. Saada taqwa.
    b. Laihtua.
    c. Oppia rukoilemaan.
    d. Auttaa köyhiä.

Oikeat vastaukset: 1. c, 2. c, 3. a, 4. c, 5. b, 6. d, 7. b, 8. b, 9. d, 10. a

PÄIVÄ 29

Askartele eid kortteja sukulaisillesi ja ystävillesi· Voit leikata tekstejä ja kuvia, voit ottaa tekstistä mallia ja tehdä omia kortteja·

Tiesitkö, että...

Tänä iltana tiedetään onko eid huomenna vai paastotaanko vielä yksi päivä. Ramadan loppuu, kun taivaalla näkyy seuraavan kuukauden, *shawwal*in, uusi kuu. Silloin ei saa enää paastota, vaan alkaa paaston päättymis juhla, eid al fitr.
Ramadania tulee ikävä. Se oli hienoa ja rauhallista aikaa.

"Taqabbal Allahu minnää wa minkum"

Hyväksyköön Allah meidän ja teidän tekomme ja paastomme.

PÄIVÄ 30

Ympyröi kaikki, joille zakat al fitr voidaan antaa.

Tiesitkö, että... Ramadanina maksetaan *zakat al fitr*. Jokaisen muslimin tulee maksaa se. Myös perheen pienimmistä maksetaan zakat al fitr. Vain täysin köyhien, joilla ei ole varaa edes oman perheensä ruokkimiseen, ei tarvitse maksaa sitä. Zakat al fitrin suuruus määräytyy paikallisen aterian hinnan mukaan. Suomessa zakat al fitr on pitkään ollut 8 euroa henkilöä kohden. Zakat al fitr on tarkoitettu köyhien muslimien eidin viettoon, jotta jokaisella muslimilla olisi ramadanin päätyttyä ruokaa. Siksi se pitää maksaa hyvissä ajoin ennen eid-juhlaa, mutta viimeistään ennen eid-rukousta. Zakat al fitr ei siis kuulu islamin peruspilareissa olevaan zakatiin, mutta se on kuitenkin pakollinen.

Eid Mubarak!

Profeetta Muhammed (SAWS) opetti muslimeille, että eid-päivän aamuna olisi hyvä käydä suihkussa ja pukea puhtaat vaatteet päälleen. Kaikkien muslimien pitäisi mennä eid-rukoukseen. Eid-rukous rukoillaan aamulla. Matkalla eid-rukoukseen olisi hyvä sanoa *takbir*iä.

Eidin **takbiir** sanotaan näin:

Allaahu Akbar, Allaahu Akbar, Allaahu Akbar. Lää ilaaha illallaah. Allaahu Akbar, Allaahu Akbar, wa lilläähil hämd.

اَللهُ اَكْبَرُ اَللهُ اَكْبَرُ لَا اِلهَ اِلَّا اللهُ وَ اللهُ اَكْبَرُ
اَللهُ اَكْبَرُ وَلِلّهِ الْحَمْدُ

Suomeksi:

Allah on suurempi, Allah on suurempi, Allah on suurempi. Ei ole muuta Jumalaa kuin Allah. Allah on suurempi, Allah on suurempi ja Hänelle kuuluu ylistys.

Auringon noustua lähdetään juhlarukoukseen. Kaikki muslimit ovat iloisia, ja toivovat, että Allah hyväksyy heidän paastonsa.

Eid-rukouksessa rukoillaan ensin kaksi *rakaa´* ja sitten pidetään *khutba*, eli puhe. Eid-rukouksessa sanotaan ensimmäisen rakaa´n alussa seitsemän takbiiriä ("Allaahu Akbar") ja toisen rakaa´n alussa viisi takbiiriä. Koko khutban ajan pitäisi olla hiljaa ja kuunnella. Vasta khutban loputtua voit tervehtiä ja onnitella muita sanomalla **"Eid mubarak"**, eli olkoon juhla siunattu.

Eid-päivänä kukaan muslimi ei saa paastota. Eidinä on hyvä syödä parempaa ruokaa kuin tavallisesti. Koulusta tai töistä voi etukäteen pyytää yhden vapaapäivän eid-juhlan takia. Eid-päivänä on hyvä vierailla sukulaisten ja ystävien luona. Kaukana asuvia sukulaisia voi muistaa soittamalle heille. Monissa muslimiperheissä ostetaan eid-juhlaa varten uudet vaatteet ja annetaan lapsille rahaa tai lahjoja.